Reife

LebensKunst-Impulse
für die
Bewusstseins-Elite
von
Andreas Giger

AF273269

Bibliografische Information der Deutschen Bibliothek
Die Deutsche Bibliothek verzeichnet diese Publikation in der
Deutschen Nationalbibliografie; detaillierte bibliografische Daten
sind im Internet über http://dnb.ddb.de abrufbar.

Texte und Bilder von Andreas Giger

1. Auflage 2006
Satz und Gestaltung: Andreas Giger
Herstellung und Verlag: Books on Demand GmbH, Norderstedt,
www.bod.de

ISBN 3-8334-5075-4

*Für die UnterstützerInnen
von REIFE.CH*,
der Plattform für
eine neue Sicht des älter Werdens,
welche die Reifung
meiner Gedanken zum Buch
ermöglicht haben.*

*www.reife.ch

Inhalt

Reife
macht
Sinn

So wie bei der Umstellung auf Sommerzeit jeweils die Abende plötzlich viel länger hell werden, so hat sich unser Lebensabend in kürzester Zeit enorm verlängert, und zwar bei voller Erhaltung des Lichts, sprich der eigenen Vitalität. In historischen Zeiträumen gerechnet, geschah diese Veränderung tatsächlich sehr kurzfristig. Und weil es in der Menschheitsgeschichte keinen vergleichbaren Vorgang gibt, sehen wir uns vor die Herausforderung gestellt, in kurzer Zeit ein völlig neues Bild vom älter Werden und vom Alter zu erschaffen.

Die radikalste Neuerung bestünde darin, das Alter ganz abzuschaffen. Wenn das Leben auch nach 50, 60 oder gar 70 weiter geht wie davor, wenn Vitalität und Lebensfreude erhalten bleiben, wozu braucht es dann noch eine eigene Wahrnehmungs-Kategorie namens Alter, die ohnehin hoffnungslos negativ belastet ist ?

Eine gewaltige Schönheitsindustrie hat sich das Fernziel der vollständigen Abschaffung des Alters auf die Fahne geschrieben und verspricht ewige Jugend, und viele folgen ihr willig.

Die Sehnsucht nach ewiger Jugend ist dem Menschen als Wesen, das seine letztendliche Zukunft, nämlich den Tod, kennt, vermutlich angeboren und deshalb verständlich. Doch wie jeder reifere Mensch weiß, handelt es sich dabei um eine Utopie, also um etwas, das nicht im Bereich des Möglichen liegt. Womit wir uns auch die Frage sparen können, ob ewige Jugend wirklich ein so erstrebenswerter Zustand wäre.

Wie dem auch sei: Die Natur, deren Teil auch wir sind, hat es so nicht vorgesehen. Ausnahmslos jedem Lebewesen, ob Pflanze, Tier oder Mensch, ist es vorgegeben, eines Tages wieder abzutreten, um Platz für Neues zu schaffen. Innerhalb dieser Lebensspanne ist nicht Gleichförmigkeit vorgesehen, sondern das Nacheinander unterschiedlicher Lebensphasen. Und zu denen gehört auch das Alter, oder wie wir beim Blick in die Natur auch formulieren könnten, eine Zeit der Reife.

Leben bedeutet immer auch Wandel und Veränderung, und auch wenn bekanntlich „jede Lust tiefe, tiefe Ewigkeit will" (Nietzsche), so gibt es doch keine Möglichkeit, den Lebens-Wandel anzuhalten und den Übertritt in neue Lebensphasen zu verhindern. Warum sollte das beim Alter anders sein?

Dank der Tatsache, dass die meisten von uns bei guter Gesundheit und ohne größere finanzielle Sorgen alt werden können, sind allerdings die Übergänge fließender geworden.

Wir müssen nicht mehr alles, was in unserem Leben in jüngeren und mittleren Jahren wichtig und wertvoll war, zurücklassen. In vielen Bereichen können und dürfen wir unser Leben weiter leben wie bisher, auch wenn wir älter werden. Das ist, verglichen mit all den Zeitaltern, in denen Alter im Wesentlichen Verzicht bedeutete, ein riesiger Fortschritt, der Ihnen und mir von Herzen zu gönnen ist.

Alles in Butter also? Können wir getrost darauf verzichten, über das älter Werden und das Alter nachzudenken – oder besser vorzudenken, weil ohnehin alles so bleibt, wie es ist?

So gern wir das vielleicht hätten: Manchmal, wenn etwas nicht mehr ganz so schnell geht wie früher, oder wenn uns ein Zipperlein an einer Stelle plagt, von der wir bisher nicht mal wussten, beschleicht uns eine leise bange Ahnung davon, so ganz bliebe doch nicht alles beim Alten.

Ändern können wir an der Tatsache des älter Werdens also nichts – wohl aber an deren Interpretation und Bewertung. Steckt in diesem unausweichlichen Prozess wirklich nur Unerfreuliches, oder hat er auch seine guten Seiten? Für unseren Seelenfrieden kann die Antwort entscheidend sein.

Antworten finden sich in der Beobachtung von anderen Menschen, deren älter Werden wir als gelungen betrachten, und, so wollen wir doch hoffen, auch in unserer eigenen Entwicklung. Daraus lernen wir, dass älter Werden auch bedeuten kann, dass wir gelernt haben, Wichtiges von Unwichtigem zu unterscheiden, und das, was uns gut tut, von dem, was uns schadet. Dadurch werden wir gelassener und souveräner, im Umgang mit uns selbst, mit anderen Menschen und mit jeder Art von Situation. Der Schatz an Erfahrungs-wissen, den wir angesammelt haben, kann jetzt voll genutzt werden.

Auf den Punkt gebracht heißt die Erkenntnis: Wir müssen nicht nur älter werden – wir können auch reifer werden. Und mehr als das: Vielleicht besteht der Sinn des älter Werdens wirklich gerade darin, reifer zu werden.

Wir Menschen brauchen Sinn in unserem Leben - gerade im älter Werden. Deshalb brauchen wir die Idee der Reifung, die nie in einer absoluten Reife gipfeln wird, wohl aber wachsende Reifegrade ermöglicht: Reife macht Sinn.

Rein biologisch betrachtet machen die reiferen Jahre als eigenständige Lebensphase keinen Sinn. Wenn wir unsere Nachkommen gezeugt, geboren und aufgezogen haben, ist unser evolutionärer Auftrag erfüllt, was danach kommt, ist purer Luxus. Es bleibt uns also gar nichts anderes übrig, als dieser Lebensphase unseren eigenen Sinn zu geben.

Sinn macht das älter Werden nicht von alleine, sondern erst dann, wenn wir ihm den Sinn „Reife" geben. Das kann kein uniformierter, einheitlicher Sinn sein. Für Sie braucht Reife nicht dasselbe zu bedeuten wie für mich, aber wir können beide ein untrügliches Gespür dafür entwickeln, ob wir in Richtung unserer persönlichen Reife auf Kurs sind oder nicht. Auf diesem Weg ist Eigeninitiative gefragt, denn älter werden wir von selbst, reifer nicht ...

Jahrringe

Frei steht er da, gelassen und souverän ruht er in sich und schaut seit Menschengedenken unerschütterlich hinaus ins weite Land, mein Lieblingsbaum. Wie lange er das schon tut, weiß niemand. Erst eines hoffentlich noch fernen Tages, wenn auch seine Zeit gekommen ist, wird man die Jahrringe zählen und so sein genaues Alter ermitteln können.

Jahrringe bei Bäumen finden wir als Spuren der Zeit faszinierend, doch wenn wir sie an uns selbst als Alterserscheinung in Form von Speckröllchen entdecken, finden wir das weniger komisch. Wie kann es zu einer solchen Spaltung der Betrachtungsweise kommen? Und lässt sich diese Spaltung sogar überbrücken?

Es mag unter jenem Lieblingsbaum gewesen sein, wo mir der Slogan einfiel: Falten werden sexy! Das war und ist eine kühne Behauptung, denn noch gelten Falten als das pure Gegenteil von sexueller Anziehungskraft und werden deshalb gefürchtet. Nur straffe und glatte Haut gilt als attraktiv, weshalb halbe Vermögen dafür ausgegeben werden, sich diesen jugendlichen Zustand bis ins möglichst hohe Alter zu erhalten.

Dabei waren Falten im übertragenen Sinne von Interesse und Aufmerksamkeit, von Respekt und Zuneigung, schon mal sexy. Das war in jenen Zeiten, als nur wenige Menschen alt wurden und sich nicht alles so schnell veränderte wie heute, so dass das Erfahrungswissen der wenigen Alten für die Gemeinschaft von unermesslichem Wert war. Entsprechend hohe Wertschätzung genossen deshalb Falten als Symbol für Erfahrung und allenfalls gar für ein Stück Weisheit.

Was einmal war, kann wieder werden, genau so, wie Speckpolster in manchen Kulturen und zu manchen Zeiten als ausgesprochen attraktiv galten und gelten. Dass Falten (wieder) sexy werden, liegt also durchaus im Bereich der Möglichkeiten. Warum aber lösen Falten jetzt die heftigen negativen Reaktionen aus, die einer ganzen Industrie Nahrung geben?

Falten bedeuten Alter, und Alter ist eine Last. So haben wir es gelernt, bis hinein in die Bilder unserer Sprache: Jemand ist „gebückt von der Last des Alters", und ein Baum kann sogar „unter der Last seines Alters zusammenkrachen". Dabei gilt: Je höher das Alter, desto schwerer seine Last. Niemand wird gerne an solch düstere Zukunftsaussichten erinnert, und Falten tun nun mal eben dieses.

Alle, die in ihrem Leben schon öfter umgezogen sind, wissen, dass sich zwar die Last jener Dinge, die wir mitschleppen, ohne großes eigenes Zutun immer wieder geschwind vermehrt, dass sie aber durch gelegentliches energisches Ausmisten jeweils auch schnell wieder auf ein erträgliches Maß reduziert werden kann. Ganz abgesehen davon, dass wir jene Dinge, die uns im Laufe eines langen Lebens lieb und teuer geworden sind, ohnehin nicht als Last empfinden.

Das Alter ist also keineswegs automatisch eine Last, belastend ist nur die Vorstellung, es sei so. Diese Einsicht eröffnet uns die Möglichkeit, Falten ohne die Belastung durch einen Rattenschwanz von negativen Bewertungen zu sehen. Auch dafür bietet sich der Blick auf die Natur an, diesmal auf die äußere Hülle unseres Planeten.

Auch bei den Landschaftsformen gilt die Relativität von Schönheitsbegriffen: Die einen mögen am liebsten unermesslich weite Ebenen, andere ziehen die Schroffheit der Berge vor. Meine Vorliebe gilt der Hügellandschaft, in der zu leben ich das Glück habe. Ursprünglich handelte es sich dabei um eine Hochebene aus dem Sedimentmaterial eines vor langer Zeit hier sich ausdehnenden Meeres. Mit der Zeit haben die Kräfte der Erosion daraus eine eher chaotisch anmutende Mischung aus Hügeln, Rippen und tief eingeschnittenen Schluchten gemacht. Diese Landschaft ähnelt verblüffend der Vergrößerung der menschlichen Haut, und so liegt der Schluss nahe: Diese Täler und Schluchten sind die Falten von Mutter Erde.

Um diese Falten zu bilden und eine ursprünglich langweilige Ebene in ein spannendes Auf und Ab zu verwandeln, hat die Geologie neben Wasser, Eis und der Schwerkraft vor allem eines gebraucht: viel Zeit. Für uns Menschen unvorstellbare Zeiträume sind nötig, um die Falten von Mutter Erde zu gestalten. Doch manchmal, wenn man eine winzige Senke sieht, kann man erahnen, dass in vielen Tausenden von Jahren sich auch diese in eine steile Schlucht verwandelt haben wird.

Wir Menschen leben in anderen Zeitmaßstäben, doch das Prinzip bleibt sich gleich: Falten sind, jenseits aller ästhetischen Wertungen, vor allem eines: ein untrügliches Anzeichen dafür, dass die Zeit vergeht. Diese Tatsache ist an und für sich weder gut noch schlecht, wie wir sie bewerten, liegt ausschließlich in den Augen des Betrachters oder der Betrachterin. Es steht uns frei, die verfließende Zeit vor allem als Mahnung an das unvermeidliche Ende zu interpretieren, wobei dann das Risiko besteht, dass die Tatsache der verstreichenden Zeit Angst und Panik auslöst.

Der Blick auf meinen Lieblingsbaum eröffnet eine andere Perspektive: Der Zuwachs an Jahrringen kann wachsenden Reichtum bedeuten, etwa an Würde. Uralte Bäume erinnern uns deshalb gerne an ein fast verloren gegangenes Wort – altehrwürdig. Es spricht nichts dagegen, dieses Gefühl, wonach Alter eine Würde haben kann, die zur Verehrung auffordert, auch auf unser eigenes älter Werden zu übertragen.

**Fließ-
muster**

Älter werden ist wie Bergsteigen: Der Preis besteht in der Anstrengung, der Lohn im enorm ausgeweiteten Über- und Weitblick. Also in Reife.

Wenn Sie in unübersichtlichem Gelände einem Flusslauf folgen, der sich mäandernd durch die Gegend schlängelt, verlieren Sie leicht den Überblick und die Orientierung, denn Sie haben immer nur einen kleinen Abschnitt vor Augen. Wenn Sie dagegen denselben Fluss von oben betrachten, können Sie seinen Lauf als Ganzes erkennen.

Mit unserem Lebensfluss verhält es sich nicht anders. Ich erinnere mich an einen französischen Film mit dem schönen Titel „Das Leben ist ein langer, ruhiger Fluss". Der Titel war pure Ironie, das in diesem Film gezeigte Leben war wild und chaotisch, so wie es sich für die meisten von uns mindestens abschnittsweise gebärdet.

Wenn wir wieder in ruhigere Fahrwasser geraten, wird es möglich, in einem Ereignis eine Bedeutung zu sehen, einen tieferen Sinn, Muster und Zusammenhänge: »Jetzt weiß ich, wozu das gut war!«

Je älter wir werden, desto größer wird die zurückgelegte Wegstrecke unseres Lebensflusses, die wir überblicken können. Das ermöglicht es uns, Muster, Sinn und Bedeutung nicht nur in einzelnen Ereignissen zu erkennen, sondern auch im ganzen bisherigen Leben. Und weil das Leben sich nun mal dauernd wandelt, werden wir wohl kaum starre, unwandelbare Muster finden, sondern bewegliche, dynamische – Fließmuster.

Wo Bewegung herrscht, bleibt kein Muster fest, aber auch im Fließen finden sich Muster in Form von Selbstähnlichkeiten. Wir steigen zwar wirklich nie in denselben Fluss, und doch bleibt der Fluss unseres Lebens von der Quelle bis zum Aufgehen im Meer der gleiche, denn dieser Fluss ist unser Leben.

Und zwar unser ganz eigenes individuelles Leben. Ein Fluss ist ein Fluss ist ein Fluss, und doch ist keiner gleich wie der andere. Das scheint von der Evolution so geplant, denn welchen Sinn sollten unverwechselbare Fingerabdrücke haben, wenn die Lebensläufe alle gleich wären?

Reifung bedeutet eine zunehmende Befähigung zu Unterscheidung und Differenzierung. Mit zunehmendem Alter lernen wir deshalb immer besser zu unterscheiden zwischen jenen Fließmustern, die allen Menschen gemeinsam sind, und den anderen, die ganz unsere persönlichen sind, ihren ganz für uns reservierten eigenen Sinn machen. Eigensinn macht erst in reiferen Jahren wirklich Spaß, denn erst dann wissen wir, was unseren eigentlichen eigenen Sinn ausmacht.

Dieser Sinn ist nichts Festes, Stabiles und Unveränderliches. Die Muster unseres Lebens sind nicht ein für allemal festgelegt, sie fließen und strudeln. Das macht es schwerer, sie zu erkennen.

Um die Fließmuster des eigenen Lebensflusses sehen zu können, braucht es viele Erinnerungen und ebenso viel Erfahrung in deren Gliederung und Ordnung. So kommt es, dass wir die Fließmuster unseres eigenen Lebens in reiferen Jahren leichter erblicken als in jüngeren.

Das gehört eindeutig zu den Reizen von Reife, stillt es doch ein tiefes menschliches Bedürfnis, nämlich jenes nach Bedeutung. In allem, was wir wahrnehmen, suchen wir Muster, Ordnung, Zusammenhänge, Bedeutung, Sinn. Ganz unabhängig davon, wie bewusst wir das tun, steht fest, dass Information ohne Sinn und Bedeutung uns ziemlich rasch alt aussehen lässt. Unser Geist lechzt nach Fließmustern.

Ob unser Leben eine Bedeutung hat, für uns und für andere, ob es ein sinnvolles Leben ist – das lässt sich erst aus der Rückschau heraus beantworten, und zwar umso besser, je länger die Zeitspanne ist, die unser Gedächtnis überblickt. Die gut gefüllten Schatzkammern unserer Erinnerungen zählen deshalb zu den wertvollsten Elementen von Reife.

Allerdings nur bei richtigem Gebrauch. Wenn wir unseren momentanen Erkenntnisstand in Sachen Fließmuster unseres eigenen Lebens für die endgültige Wahrheit halten, haben wir den Sinn von Reife verfehlt. Denn unser Lebensfluss fliesst weiter, und abgesehen von einer kurzen Zeit ganz am Ende liegt immer auch ein Stück Fluss vor uns, eines, das uns weiter trägt und neue Ein- und Ausblicke ermöglicht.

Und immer können wir dabei von jenem Element lernen, das wie kein zweites die Idee des Fließens und damit jene von Fließmustern verkörpert – dem Wasser. Wasser ist unablässig in Bewegung und muss es bleiben, denn wenn es zum Stillstand kommt, wird es faulig. Und dabei verhält sich Wasser so höchst eigenwillig und unberechenbar wie das Leben selbst. Selbst bei genau gleichen Ausgangsbedingungen zeigt Wasser nie exakt dieselben Fließmuster.

Jeder Wellenreiter weiß das natürlich. Und erliegt gerade deshalb der Magie der Welle. Er oder sie bleibt im Fluss des Lebens, indem die Welle geritten wird, so wie sie ist. Zu klagen über unpassende Wellen, oder sich ihnen gar entgegen zu stemmen, gehört nicht dazu. Wellenreiten wird so zum zeitgemäßen Bild von LebensKunst, einer Kunst, die heran reifen muss wie das Surfen auf leibhaftigen Wellen. Im Gegensatz dazu ist das Reiten auf den Wellen des Lebens jedoch eine Kunst, die ein Leben lang ausgeübt werden kann – mit zunehmender Reifung immer besser.

Wasser kann übrigens auch Informationen aufnehmen und speichern. Wenn zwei Wassertropfen unterschiedlichen physikalischen Einflüssen wie etwa Magnetismus ausgesetzt werden, bilden sie beim Trocknen unterschiedliche charakteristische Muster

Wie das genau funktioniert, weiß bisher niemand, und vielleicht wird man dieses Rätsel so wenig endgültig lösen können wie jenes von den Fließmustern eines reifenden Lebens.

Reifende Beziehung

Die Idee von Reifung und Reife ist in unserer Vorstellung eng mit Leben verkoppelt: Reif werden können Früchte oder Menschen, nicht Steine oder Tische. Kann also etwas so abstraktes wie eine Beziehung überhaupt reifen?

Sie kann. Wir sprechen nämlich nicht nur von reifen Erdbeeren oder Pfirsichen, sondern ebenso von reifen Leistungen, von ausgereiften Ideen oder gar Produkten. Dabei handelt es sich zweifelsfrei nicht um biologisches Leben, doch ein wesentliches Element von Leben ist auch diesen abstrakten Phänomenen eigen, nämlich ihre Entwicklungsfähigkeit. Ideen oder Projekte, Kunstwerke oder eben auch Beziehungen durchlaufen wie Lebewesen verschiedene Entwicklungsstufen – von einer embryonalen Phase bis hin zur Reife.

Schon die alten Lateiner wussten: „tempora mutantur, et nos mutamur in illis" – Die Zeiten ändern sich, und wir verändern uns mit ihnen. Dass wir uns ständig verändern, teils freiwillig und teils mehr oder weniger gezwungen, ist in unseren schnelllebigen Zeiten zu einer banalen Selbstverständlichkeit geworden. Und da der Mensch ein anpassungsfähiges Lebewesen ist, bewältigt er diese Veränderungen auch, sofern es ausreichende Inseln der Konstanz gibt.

Den rein chaotischen Wandel, in dem nichts zusammenzuhängen scheint, keine Muster zu erkennen sind und keine Richtung, lieben wir allerdings gar nicht, denn das reine Chaos überfordert uns. Leichter gehen wir mit Veränderungsprozessen um, wenn wir sehen, *wohin* die Reise geht, was die allgemeine *Richtung* des Entwicklungsprozesses ist.

Die Idee von Reife ist genau das: eine allgemeine Richtungsangabe für Entwicklungsprozesse. Reife ist das am Anfang noch verborgene Potenzial, das sich im Laufe der persönlichen Evolution allmählich entwickelt. Indem die Idee der Reifung eine befriedigende Antwort auf die existenzielle Grundfrage „wohin gehe ich ?" bietet („hin zur Reife"), stiftet sie, nicht nur, aber vor allem für die zweite Lebenshälfte, Identität: *Ich reife, also bin ich.*

Das also ist der Nutzen der Vorstellung, evolutionäre Prozesse hätten so etwas wie eine allgemeine Entwicklungsrichtung: Sie stiftet für unsere eigene persönliche Evolution Identität und Sinn. Beides ist für unser Wohlbefinden unerlässlich und entsprechend wertvoll.

Weil die biologische Evolution so viel anschauliche Anregung für die eigene Entwicklung bietet, setzt sich die Idee der persönlichen Evolution allmählich durch.

Und weitet sich aus. Der Zürcher Paartherapeut Jürg Willi zum Beispiel hat schon früh den Begriff der „Co-Evolution" für die Entwicklung von Paarbeziehungen geprägt.

Nun ist Evolution in gewisser Weise stets Co-Evolution, sie findet immer im Austausch und in der Auseinandersetzung mit der Umwelt statt. Was mir an der Idee jedoch gefällt, ist die Vorstellung, ein einfacher Handel sei eine wesentliche Triebfeder einer gelungenen Paarbeziehung: Du hilfst mir bei meiner Evolution, und ich helfe Dir bei Deiner.

Natürlich funktioniert dieser Handel nur, wenn persönliche Weiterentwicklung für beide Seiten ein erstrebenswertes Ziel und Unterstützung dabei deshalb ein wertvolles Gut ist. Das ist nicht selbstverständlich, auch wenn Sie und ich uns kaum vorstellen können, wie man die Langeweile aushalten soll, die beim Stillstand jeder Entwicklung unweigerlich aufkommt...

Apropos "selbstverständlich": Dieses Wort verwenden wir in einem Selbstgespräch nie. Es gehört ja zum Wesen von Selbstverständlichkeit, dass uns die selbstverständlichen Dinge so klar und einleuchtend sind, dass wir nie auf die Idee kämen, sie zu hinterfragen oder auch nur einen Gedanken daran zu verschwenden. Doch dann treffen wir auf einen Partner und stellen fest, dass für den vieles gar nicht so klar und selbstverständlich ist.

Erst jetzt fühlen wir uns bemüßigt, seiner Klarheit auf die Sprünge zu helfen: Aber es ist doch selbstverständlich, dass man die Welt so sieht! (Dass man dieses tut und jenes lässt. Dass man sich für X interessiert und nicht für Y. etc.) Doch merkwürdig: Wir mögen noch so einleuchtend oder lautstark argumentieren, nichts hilft. Unser Gegenüber lässt sich nicht von unseren eigenen Selbstverständlichkeiten überzeugen.

Das kränkt erst mal und verunsichert: „Nicht mal meine Liebste oder mein Liebster teilt meine Sicht der Welt, ich bin mit meinen Selbstverständlichkeiten ganz allein." Dann, im Laufe eines Reifungsprozesses, begreifen wir diese unterschiedlichen Selbstverständlichkeiten auch als Chance: Sie erweitern unseren Horizont, offerieren uns neue Möglichkeiten dafür, wie man die Welt auch sehen oder sein Leben auch gestalten könnte, lassen uns die Wahl, unsere eigenen Selbstverständlichkeiten zu behalten, zu ergänzen oder zu ersetzen.

Um diese Chance zu nutzen, braucht es Selbst-Bewusstsein, Gelassenheit, Unabhängigkeit, inneren Frieden, Souveränität – kurz Reife.

Co-Evolution heißt also gemeinsame Reifung durch Auseinandersetzung mit dem anderen, wobei dieser Prozess nur gelingen kann, wenn sich beide bewusst sind, dass Reifung für jeden Menschen Unterschiedliches bedeuten kann.

In einem solchen gemeinsamen Reifungsprozess reift auch die Beziehung. Und das meine ich wörtlich: Ich liebe nämlich die Vorstellung, auch eine Beziehung sei ein eigenständiges, lebendiges Wesen, wie eine Idee oder ein Projekt, das wächst und sich entwickelt und reift. Und dann vielleicht manchmal, wenn die Beteiligten gerade in ein Loch der Unreife gefallen sind, ihnen Kraft zur weiteren Reifung spendet.

Reife
als
Ressource

Nicht nur Ölfelder sind Ressourcen. Und das Wort „Quelle", das in "Ressource" enthalten ist, verweist nicht nur auf Geldquellen, sondern ebenso auf Kraftquellen. Was macht Reife als Kraftquelle attraktiv?

Ihre Individualität. Die meisten und ergiebigsten Kraftquellen sind nämlich nicht irgendwo außerhalb zu suchen, sondern in einem selbst. Natürlich vermögen wir aus dem Zusammensein mit einem geliebten Menschen, aus einem anregenden Gespräch oder durch den Kontakt mit der Natur Kraft zu schöpfen, doch auch nur dann, wenn wir das Fließen dieser Kräfte durch uns selbst hindurch zulassen.

So ist es auch mit Reife: Von selbst ist Reife keine Kraftquelle, so wenig wie sie von selbst Sinn macht. Erst wenn wir ihr Sinn geben und sie als innere Kraftquelle zulassen, beginnt Reife als Ressource zu sprudeln.

Das ist einerseits eine Herausforderung an unser aktives Engagement, andererseits aber auch ein Grund zur Freude: Wenn wir die Ressource Reife nutzen wollen, sind wir von niemandem abhängig.

Nichts und niemand kann uns daran hindern - außer eben uns selber. Im Laufe eines Reifungsprozesses haben wir gelernt, dass man sich auf die Konstanz äußerer Kraftquellen selten verlassen kann. Die Quelle Reife dagegen ist immer zugänglich, und sie sprudelt mit zunehmender Reife immer ergiebiger. Eine ideale Ressource also.

Wissen hat, so viel haben wir gelernt, viel mit Lernen zu tun, und um zu begreifen, wie Lernen zur Reifung führt, müssen wir deshalb ein tieferes Verständnis davon entwickeln, was Lernen heisst. „Wissen erwerben" dürfte die gängigste Antwort darauf sein – doch von welchem Wissen sprechen wir?

Das „gewusst was" kann man aus Büchern lernen, das „gewusst wie" nur durch Erfahrung. Reife bedeutet also die Existenz eines vielfältigen Erfahrungswissens. Und das Wissen darum, wie man dieses sinnvoll einsetzt.

Eine der angenehmen Eigenschaften von Erfahrungswissen ist es, dass es, wenn es genügend verfestigt ist, aus unserem Bewusstsein verschwindet. Nicht ins Nichts natürlich, sondern in jene Bereiche unseres nicht bewussten Bewusstseins, in denen die Dinge automatisch funktionieren, ohne dass wir einen Gedanken daran verwenden müssten. Sie kennen das vom Autofahren.

Dieser Mechanismus entlastet unser Bewusstsein ganz ungemein und schafft Platz für Neues. Allerdings funktioniert er nur, wenn wir nicht vom Wahn getrieben sind, alles bewusst zu kontrollieren. Erfahrungswissen meldet sich gerne als Intuition, die wir nicht unbedingt rational begründen können und die trotzdem stimmt. Unser Gehirn hat davor, ohne dass wir davon etwas mitbekommen haben, auf Grund seines Erfahrungswissens das Für und Wider sorgfältig abgewogen und meldet jetzt per Intuition „nur" das Schlussergebnis, also das, was unterm Strich herauskommt. Und nur darum geht es dann auch.

Es gibt eine dritte Art von Wissen: das „gewusst wozu": Es trifft sicher zu, dass ein Mensch in seinen Sechzigern nicht mehr so schnell von A nach B rennen kann wie einer in seinen Zwanzigern. Aber vielleicht hat er ja mittlerweile herausgefunden, dass es für ihn gar nicht (mehr) so wichtig ist, möglichst schnell von A nach B zu kommen, vielleicht ist es jetzt wichtiger, nach C zu kommen oder in A zu bleiben, und vermutlich macht es jetzt (mehr) Sinn, etwas gemächlicher unterwegs zu sein, weil das ein Mehr an Eindrücken und ein Weniger an Erschöpfung bringt.

Wissen ist nicht einfach eine Menge Informationen, die wir mal erworben haben und die dann schnell veralten. Wissen bedeutet immer auch, Informationen in einen Kontext einordnen zu können, sie also in Beziehung zu schon vorhandenem Wissen zu bringen, ihnen Bedeutung zu geben, sie nach Wichtigkeit ordnen zu können. Sofern ein stetiger Nachschub an neuen Informationen gewährleistet ist, veraltet Wissen also nicht, sondern es reift, wird umfassender und vielschichtiger, aber auch geordneter und klarer, und damit sicher eines: wertvoller.

Einigermaßen zu wissen, wie die Welt funktioniert; wie man mit möglichst wenig Aufwand möglichst viel Ertrag erzielt; wo es gangbare Abkürzungen gibt und welche in die Irre führen; wie andere Menschen reagieren: All das gehört zu reifem Erfahrungswissen.

Mit dessen Hilfe können wir unnötige Umwege vermeiden und brauchen nicht mehr immer alles aufs Neue auszuprobieren. Wir haben gelernt, mit Krisensituationen umzugehen und sind dabei gelassener geworden. So können wir die Früchte unserer Erfahrung genießen und Reife als Ressource nutzen. Erfahrungswissen heisst aber auch, sich selber besser zu kennen und klarer zu sehen: Was ist mir wichtig? Was will ich - und was nicht? Was sind meine Stärken und meine Schwächen? Wo sind meine Antriebskräfte und Grenzen? Was tut mir gut und was schadet mir? Aus Erfahrung gewonnene Antworten auf diese Fragen sind die Basis eines geglückten Lebens.

Der Ruf „erkenne Dich selbst!" erschallt grund-sätzlich für jede Altersstufe. Doch Selbsterkenntnis ist ein Prozess, der Zeit braucht, Zeit für sprunghafte Erkenntnisse ebenso wie Zeit für die Verfestigung oder Aufweichung von Selbstbildern. Auch Selbsterkenntnis ist ein Reifungsprozess, dessen Früchte ihre Zeit brauchen, um erntereif zu werden.

Reife verliert in dem Moment ihre Kraft als Ressource, in dem wir glauben, sie festhalten zu können. Im Klartext: wenn wir meinen, jetzt seien wir reif genug. Reife ist nie der Zustand, in dem wir uns befinden, sondern immer "nur" der Horizont, auf den wir uns zu bewegen. Wenn wir still stehen, entschwindet dieser Horizont rasch in weite Ferne.

Lebens Qualität

Der alte Mann sitzt viele Stunden lang am Ufer des Flusses, starrt in seine Wellen, lauscht auf sein Gemurmel. Aktiv wird er nur noch, um seiner selbst auferlegten Verpflichtung als Fährmann nachzukommen, die Vergnügungen der Welt interessieren ihn nicht mehr. Der Fluss wird ihm zum Gleichnis des Lebens, mehr und mehr wird er ihm ähnlich, wird er eins mit ihm.

So endet das Kultbuch „Siddharta", in dem Hermann Hesse in freier Weise das Leben des Buddha nacherzählt. Am Ende eines Lebens voll Suche, Irrungen und Wirrungen findet Siddharta eine tiefe innere Ruhe voll heiterer Abgeklärtheit und Gelassenheit, frei von Wünschen und Anhaftungen.

Anders als seine Religionsstifterkollegen Jesus und Mohammed war Buddha ein Mann in reiferen Jahren, als er seine Erleuchtung hatte und sie mit anderen zu teilen begann. Deshalb kommt uns das Lächeln des Buddha - eine Mischung aus vollkommener Distanz mit ebenso vollkommener Güte - vor wie der perfekte Ausdruck von Reife.

Und andererseits auch ein wenig langweilig. Als auf Abwechslung programmierte Wesen wirkt die Vorstellung von gleichförmiger Ruhe auf uns wenig attraktiv.

Nun ist allerdings die Gefahr, dass wir diesen Zustand jemals erreichen, als ziemlich gering zu veranschlagen. Die Volksweisheit weiß es: Niemand ist perfekt, und das gilt auch für das perfekte reif Sein. Absolute Reife ist wie absolutes Glück ein niemals zu erreichendes Fernziel. Vollendet reif sein können wir nicht. Reifer werden schon.

Macht es unter diesen Umständen überhaupt noch Sinn, von „Reife" zu reden, statt konsequent auf das dynamischere und damit lebensnähere Wort „Reifung" zu setzen? Ja, denn Reife wirkt als Attraktor für Reifung. Der Begriff des Attraktors stammt aus der Chaos-Theorie und bezeichnet dort einen Ort, der Strömungen fast magisch anzieht. Ohne diese Theorie zu kennen, hat Goethe am Schluss seines Fausts unnachahmlich formuliert, worum es bei einem Attraktor geht: „ ... das ewig Weibliche zieht uns hinan." So zieht uns bei unserer Reifung das ewig Reife ebenfalls hinan.

Wenn wir es zulassen. Noch immer gilt ja, was der französische Erzähler Alphonse Daudet einst formulierte: »Die Menschen werden zwar oft alt, aber selten reif.« Das liegt weniger daran, dass sie es nicht wollen oder zu wenig aktiv dafür tun, sondern mehr an ihren Widerständen gegen einen Prozess, der sich von selbst entfaltet, wenn man ihn lässt.

Einer der wichtigsten Widerstände ist die Angst vor Langeweile. Selbst wenn der Lebensabend keine totale Langeweile bedeutet, weil wir vollendete Reife ohnehin nicht erreichen, so fürchten wir, zunehmende Reife sei eben doch gleich zu setzen mit zunehmender Langeweile. Mit der Abwesenheit jugendlich frischer Beweglichkeit. Und mit dem Fehlen jener Intensität des Erlebens des ersten Mals.

Verwechseln wir da vielleicht etwas, indem wir „intensiv" mit „spektakulär" gleich setzen? Gibt es nicht andere Formen von Intensität, welche den unausweichlichen Verlust an spektakulären Erfahrungen mehr als ausgleichen können?

Sicher: Je älter wir werden, desto mehr sinkt die Wahrscheinlichkeit auf echte Ersterfahrungen, wir kennen in reiferen Jahren nicht nur die Musik des Lebens, sondern auch schon die meiste Musik, die uns gefällt.

Und hören diese Musik immer wieder gerne. Obwohl der Rausch des ersten Hörens längst vorbei ist, muss die Intensität des Musikerlebnisses nicht abnehmen. Dafür gibt es zwei gute Gründe. Der erste ist das Prinzip der differenzierten Wahrnehmung im Nahbereich. Je vertrauter uns etwas ist, desto offener werden wir für Wahrnehmung kleiner und kleinster Differenzierungen. Wo wir beim ersten Mal nur ein grandioses großes Ganzes hörten, lauschen wir jetzt auch den kleinen und feinen Tönen. Und erschliessen uns damit eine neue reiche Welt der Wahrnehmung.

Zum zweiten kommt bei jeder Wiederholung eines Musikgenusses der wachsende Schatz von Erinnerungen an die Male davor dazu. Diese Erinnerung an frühere Gefühle und Empfindungen rundet das aktuelle Erlebnis ab, macht es ebenfalls vielschichtiger und reichhaltiger. So kommt es, dass gereiftes Erleben sehr wohl intensiveres Erleben bedeuten kann. Wenn wir uns an der in der Jugend vorherrschenden – und dort auch angemessenen – Definition von Langeweile festklammern, verpassen wir diesen ganzen Reichtum an Intensität in der reifen Erfahrung, weil wir dafür kein Auge haben. Was einmal gut und richtig war, muss das in späteren Lebensphasen nicht bleiben.

Das Gegenteil eines langweiligen Lebens, so haben wir es in der Jugend gelernt, ist ein spannendes Leben, und spannend ist das Leben dann, wenn möglichst viel los ist, wenn sich das Karussell der neuen und spektakulären Eindrücke möglichst rasch dreht. Doch das Leben ist mehr als ein Drehen im Kreis, es ist auch eine Bewegung vorwärts und aufwärts, oft auf verschlungenen Pfaden, sich in Spiralen windend, aber immer unterwegs hin zum Attraktor Reife.

Hektische Betriebsamkeit ist oft Strampeln am Ort, und wenn wir uns verzweifelt am Rummelplatz der Erlebnisse unserer Jugend festklammern, ist die wirklich interessante Karawane, in der die Musik des Lebens spielt, vermutlich längst weiter gezogen.

Wahrscheinlich ist in den späteren Lebensphasen tatsächlich weniger los als in den früheren. Doch das ist nur der quantitative Aspekt. Wie beim Wein, wo ein Weniger an Quantität unerlässlich ist für ein Mehr an Qualität, gilt auch für das reife Erleben und Erfahren: Weniger ist oft mehr. Richtig interpretiert bedeutet Reifung also ein Wachstum an LebensQualität. Und das kann eigentlich nicht langweilig sein.

Abendrot

Die Kombination meiner Interessen für die Berge und für die Photographie bescherte mir ein frühes Aha-Erlebnis. Erst auf Fotos entdeckte ich nämlich, dass die Berge im Morgenlicht deutlich blauer als sonst wirken, und im Abendlicht ebenso deutlich rötlicher. Erst dachte ich an einen Blau- bzw. Rotstich von Film oder Photopapier, bis ich herausfand, dass die Realität richtig abgebildet worden war. Wie Ihnen jeder Optiker erklären kann, handelt es sich hier um eine Folge unterschiedlicher Wellenlängen infolge des unterschiedlichen Einfallswinkels der Sonnenstrahlen auf der Erde je nach Tageszeit, jedenfalls um ein reales Phänomen.

Das wir aber im Allgemeinen nicht wahrnehmen. Mit unseren Augen schon, doch dann korrigiert der Rechner im Gehirn die unterschiedlichen Eindrücke und setzt an ihre Stelle ein den ganzen Tag über gültiges Einheitsmodell.

Vielleicht muss das so sein, weil wir sonst aus dem Staunen über die Farbenpracht der Welt gar nicht mehr heraus kämen und darob unser Trachten nach nützlicheren Dingen ganz vergäßen.

Wie dem auch sein möge, ich habe damals jedenfalls ein für allemal zur Kenntnis genommen, dass die Farbqualität des Tageslichts am Morgen anders ist als am Abend, Abendrot also etwas anderes ist als Morgenrot. Die Bauern und Bergwanderer in der Gegend, in der ich lebe, meinen sogar, das Abendrot sei besser als das Morgenrot, denn während das erste auf stabiles schönes Wetter hindeutet, steht das zweite für einen baldigen Umschlag hin zu schlechterem Wetter. Es handelt sich hier um Erfahrungswissen pur.

Das mag anderswo anders sein, und manchmal, in Trockenzeiten, ist schlechtes Wetter gutes Wetter. An der das Herz und die Seele wärmenden Schönheit des warmen Abendlichts ändert das nichts. Nichts anhaben kann dieser Schönheit auch das Wissen um das nahende Dunkel der Nacht. Wie die Herbstfarben angesichts des nahen Winters besonders intensiv lodern, verstärkt seine Nähe zur Dunkelheit im Gegenteil die Tiefe unseres Empfindens.

Auch der Reiz des Morgenlichts liegt in seiner Nähe zur Dunkelheit, wenn auch mit umgekehrten Vorzeichen. So lange wir leben, können wir beides haben, das Morgenrot wie das Abendrot, es gibt keinen Zwang zur Entscheidung zwischen den beiden. Bloß im richtigen Leben glauben wir, das eine oder andere bevorzugen zu müssen, und diese Wahl fällt dann meistens zu Gunsten der Jugend und gegen das Alter aus.

Dieser Denkfehler kostet uns eine Menge an Ärger, Unzufriedenheit und vergeblicher Liebesmüh im Bemühen, die Jugend möglichst lange zu erhalten und das Alter ebenso möglichst lange hinauszuschieben. Als ob es jemand schon mal geschafft hätte, das Morgenrot länger andauern und das Abendrot später einsetzen zu lassen als vom Lauf der Gestirne vorgesehen.

»Alles hat seine Zeit«, lautet ein besonders bei Beerdigungen gerne zitierter Spruch aus der Bibel, und dann folgt eine lange Aufzählung von Dingen im Leben, die alle ihre Zeit haben, von der Trauer und der Freude bis eben hin zur Jugend und zum Alter. Vielleicht muss ja nicht erst der Tod seine Zeit haben, bis wir das endlich begreifen, vielleicht kann die Einsicht, dass auch das Abendrot und das älter Werden ihre Zeit haben, schon früher heranreifen.

Reife-
Zeiten

Als der berühmte Cellist Pablo Casals auch als Neunzigjähriger täglich vier bis fünf Stunden auf seinem Instrument übte, wurde er gefragt, wozu er das täte. Er antwortete: »Weil ich den Eindruck habe, ich mache Fortschritte.«

So viel zur Frage, wann Reifung endet. Wir mögen nicht alle so alt werden und die wenigsten von uns werden je so gut Cello spielen können wie Pablo Casals, doch auch bei uns wird sich bis ins hohe Alter immer ein Gebiet finden lassen, auf dem wir noch besser werden und Fortschritte machen können, wenn wir weiterhin lernen und üben. So lange wir leben und lebendig sind, ist auch Reifung möglich. Erst der Tod wird diesen Prozess eines Tages auf natürliche Weise beenden.

Vom selben Casals können wir einen Trick lernen, der Reifung enorm erleichtert: »Ich bin jetzt über dreiundneunzig Jahre alt, also nicht gerade jung, jedenfalls nicht mehr so jung, wie ich mit neunzig war.« Selbst ein sehr hohes Alter wird hier nicht als erstarrter, gleichförmiger Zustand wahrgenommen, sondern als Prozess, in dem es noch immer Veränderungen und Entwicklungen gibt. Der Blick dafür lässt sich schulen, und je sensibler die Wahrnehmung für Fortschritte wird, desto eher wird das Motto gelten: „Wohl dem Tag, der mich wieder ein kleines bisschen reifer gemacht hat, als ich es gestern war."

Wann aber beginnt dieser Reifungsprozess dergestalt Früchte zu tragen, dass wir mit Überzeugung behaupten können, wir seien jetzt einigermaßen reif? Gibt es dafür eine Schwelle? Vielleicht die angesichts der heutigen Lebenserwartung irgendwo zwischen 40 und 50 liegende Halbierung der eigenen Lebensspanne, die Halbzeit sozusagen?

Von meinen ausgedehnten Wanderungen her weiß ich, dass es sich dabei tatsächlich um eine wichtige Schwelle handelt. Bis etwa zur Hälfte der Wegstrecke orientiere ich mich eher rückwärts („so viel habe ich schon geschafft"), danach eher vorwärts („so viel fehlt noch bis zum Ziel"). Auf unserem Lebensweg kann dieses Ziel durchaus Reife heißen.

Eine selber schon ziemlich alte Astrologin erzählte mir mal, sie würde grundsätzlich keine Menschen in der ersten Lebenshälfte beraten. Aufgabe dieser Phase sei es nämlich, alles auszuprobieren, was einem über den Weg liefe, ohne irgendwelche Beeinflussung von außen. Unter all diesen Möglichkeiten eine klare Wahl zu treffen, auf Grund des erworbenen Wissens darüber, was man will, was einem gut tut, was offensichtliche eigene Lebensthemen sind, das sei nach ihrer Auffassung wiederum die Aufgabe der zweiten Lebenshälfte. Reife begänne auch nach diesem Bild also erst deutlich nach vierzig.

Doch alles ist bekanntlich relativ, und Reife ist es ganz besonders. Einen bestimmten Reifezustand können wir nur im Zeitvergleich erkennen, entweder indem wir das Jetzt mit einem früheren Zustand vergleichen („bin ich heute reifer als gestern?"), oder, indem wir unsere Reife-Fitness im Hinblick auf die Zukunft überprüfen („bin ich reif für die nächste Stufe?").

Schon Zehnjährige versuchen wir mit der Formel „dafür bist Du jetzt reif genug!" zu motivieren, und Teenager reifen vom Kind zur Frau oder zum Mann. Reifung ist also überall, die Frage nach ihrem Anfang somit müßig. Reifung beginnt mit dem Anfang des Lebens, und – was noch viel wichtiger ist – sie beginnt jeden Tag neu.

Reifung ist kein Privileg des Alters, und ebenso wenig ist es Reife. Es gibt Frühreife und Überreife, reife Leistungen können schon in jungen Jahren erbracht werden, und reif für die Insel sind ausgebrannte Menschen jeder Altersstufe. Reife ist viel zu vielschichtig und zu individuell, um mit einem einheitlichen Maßstab feststellen zu können, wo die Grenze zwischen unreif und reif genau verläuft. Immerhin haben wir für dieses Persönliche und Relative von Reife durchaus einen Sinn, wenn wir sagen: „Dieser Mensch ist für sein Alter ziemlich reif."

Vermutlich ist es einer der entscheidenden Meilensteine auf dem Weg unserer eigenen Reifung, wenn wir beginnen, diese Sensibilität für Reifungsprozesse auf uns selbst zu richten, wenn wir anfangen, uns Fragen wie diese zu stellen: Bin ich dafür wirklich reif? Bin ich, verglichen mit damals, reifer geworden? Mache ich in meinem Reifungsprozess (immer noch) Fortschritte?

Das Modell eines Reifungsprozesses, der gradlinig auf das Ziel Reife zusteuert und dabei nie vom rechten Weg abkommt, eignet sich bestenfalls für trockenes Papier. Im wirklichen Leben gehören Rückschritte und Umwege dazu. Einen genügend großen Zeitraum überblickend, können wir aber sehr wohl feststellen, ob wir reifer geworden sind oder nicht, und mit der Reife wächst auch das Wahrnehmungsvermögen für die spannenden feinen Verästelungen der Pfade, auf denen wir unterwegs sind, dafür, was es manchmal braucht, bis wir etwas begriffen haben, wie elegant das Schicksal – oder wer auch immer – manchmal unsere Reifung befördert, wie ironisch manche Wirrung unseres Reifungspfades sich ausnimmt. Das alles ist bestes inneres Kino.

Bewusst zu reifen, indem wir unsere eigenen Reifungsprozesse beobachten, macht Sinn, weil uns das mehr Freiheitsspielräume für deren aktive Gestaltung eröffnet. Es wäre vermessen anzunehmen, wir könnten über unsere eigene Reifung nach Belieben entscheiden und sie ganz nach unserem Willen steuern. Aber wenn wir uns bewusst sind, was an Reifung hinter uns liegt und wohin wir sie gerne gelenkt hätten, dann können wir sie sehr wohl mitgestalten.

Dafür, damit zu beginnen, oder (immer wieder) neu anzufangen, ist es nie zu früh und nie zu spät. Reifung beginnt, wann Sie es wollen.

Späte
Freiheiten

Je mehr wir uns ins Leben begeben, desto mehr begeben wir uns auch in Bindungen. Familiäre und freundschaftliche Beziehungen schaffen ebenso Verpflichtungen wie der Einsatz für den Beruf oder für die Allgemeinheit. Wir sammeln materielle Güter an und sichern uns gegen alle möglichen Risiken ab. Das alles ergibt ein Lebensgepäck, das uns daran hindert, so völlig frei und unbeschwert herum zu hüpfen wie in der Jugend.

So gesehen nimmt die Anzahl Freiheitsgrade mit zunehmendem Alter zwangsläufig ab. Das ist gar nicht anders denkbar, wie ein Gedankenexperiment zeigt: Wenn ich ohne festes Ziel vor Augen für einen Spaziergang aus dem Haus trete, habe ich noch alle Freiheiten, mir eine Richtung auszuwählen. Wenn ich mich aber einmal entschieden habe, nach Osten zu gehen, fallen die übrigen Himmelsrichtungen wenigstens für diesen Spaziergang flach. Und so ergeht es mir später bei jeder Weggabelung. Jede Entscheidung reduziert die Zahl der Möglichkeiten und schränkt meine Freiheit ein. Weil allerdings die „Alternativen", nämlich stehen zu bleiben oder ständig im Kreis herum zu gehen, auch nicht gerade verlockend sind, trauert Reife den endgültig verpassten Abzweigungen nicht nach, sondern freut sich darüber, dass der so gewählte Lebensweg ein eigener und einzigartiger geworden ist, gerade weil er aus dem Mut zur Entscheidung und damit zur Einschränkung der eigenen Freiheit resultiert.

Nimmt die „Freiheit von" im Sinne der Abwesenheit von einschränkenden Zwängen also mit zunehmendem Alter unweigerlich ab? Nicht einmal das ist klar. Es gibt eine späte Lebensphase, in der die äußeren Verpflichtungen familiärer, beruflicher oder gesellschaftlicher Art wieder lockerer werden. Dieser Übergang wird immerhin als so entscheidend betrachtet, dass für die Zeit danach mehr und mehr ein eigenständiges „Drittes Alter" proklamiert wird, als Lebensphase nach Kindheit und Ausbildung (erstes Alter) und nach der Zeit der intensivsten beruflichen und familiären Verpflichtungen (zweites Alter).

Während diese äußere Befreiung mehr oder weniger von selbst kommt, schafft das älter Werden für die Befreiung von inneren Zwängen zwar günstige Voraussetzungen, doch müssen wir für diesen Befreiungsprozess auch selber aktiv werden. Mit inneren Zwängen sind all jene Vorstellungen darüber, wie wir unser Leben zu führen haben, gemeint, die wir nicht frei entwickelt haben, sondern unfreiwillig irgendwoher übernommen: Das macht man so und jenes lässt man! So was tut man nicht! Nur so ist es richtig! Das hat man immer so gemacht! Das ziemt sich nicht für uns!

Wohlgemerkt: Nicht alle diese Überzeugungen sind zum vornherein falsch, so wenig, wie sie automatisch richtig sind. Die entscheidende Frage ist vielmehr: Sind sie wirklich ein Teil von mir, oder schränken sie meine Freiheiten unnötig ein? Ziel des inneren Befreiungsprozesses kann es nicht sein, wahllos alle erworbenen Überzeugungen über Bord zu schmeißen, sondern eine bewusste und freiwillige Auswahl jener Grundsätze zu treffen, nach denen ich mein Leben gestalten will, mitsamt der vielen flexiblen Ausnahmen, die nun mal zum Leben gehören.

Anders als beim materiellen Erben können wir unsere ererbten Lebensgrundsätze nicht nur pauschal akzeptieren oder ablehnen, wir können vielmehr sehr differenziert auswählen, was passt und was nicht, und das muss heute nicht dasselbe sein wie gestern, und morgen kann die Auswahl noch einmal anders aussehen.

Das alles braucht Zeit. Nicht nur, weil wir unsere Prägungen nicht so einfach per Knopfdruck loswerden können. Sondern auch, weil wir Lebenserfahrung brauchen, um die Tauglichkeit unserer Grundsätze nicht nur in der Theorie, sondern auch in der Praxis zu testen. Die innere Freiheit zu ihrem vollen Potenzial erblühen zu lassen, erfordert einen langen Reifungsprozess.

Je unabhängiger wir innerlich werden – von den Urteilen anderer ebenso wie von unseren eigenen Vor-Urteilen – desto mehr Raum öffnet sich für den anderen Aspekt von Freiheit, nämlich „Freiheit zu". „Freiheit von", und mag sie noch so groß sein, macht allein nicht glücklich. Sie kann immer nur die Voraussetzung und Vorstufe für die „Freiheit zu" sein. Meine Freiheit an der Weggabelung nützt mir gar nichts, wenn ich keine

Ahnung habe, wohin ich will, sie wird dann im Gegenteil zur Belastung.

Was Freiheit als Abwesenheit von Zwängen bedeutet, kann man ziemlich generell definieren. Wozu und wofür ich jedoch meine Freiheit am sinnvollsten nutze, kann nur ich selber entscheiden. Dazu muss ich mich kennen, nicht auf Grund eines wackelig konstruierten Selbstbilds, sondern als Frucht langer und intensiver Beobachtung meiner selbst in verschiedensten Lebenssituationen.

„Werde der, der Du bist!", ist ein uraltes Leitmotto für Reifungsprozesse, und die Losung „Erkenne Dich selbst!" gehört unabdingbar dazu. Reifung heißt wachsende Selbsterkenntnis, und wenn ich mich besser kenne, dann kann ich meine Freiheit sinnvoller nutzen. Daraus leitet sich eine neue Formel ab: "Je später der (Lebens-) Abend, desto tiefer die Freiheit". Was zu beweisen war ...

Jenseits von Reife

Gerade jene Früchte, deren Reife uns am köstlichsten mundet, sind auch die fragilsten – Kirschen, Erdbeeren, Aprikosen und so fort. Und das Zeitfenster, in dem ein reifer Camenbert genau richtig fließt, ist sehr schmal. Reife als Idealzustand hat ein eng begrenztes Haltbarkeitsdatum.

Jenseits davon liegt, bei Früchten wie bei Menschen, Fäulnis. So viel steht fest. Alles andere ist Spekulation. Ob wir jenseits der für uns hienieden erreichbaren Reife noch einmal Gelegenheit für einen weiteren Reifungsprozess bekommen und endlich die reifen Früchte unserer bisherigen Reifung ernten können, wissen wir nicht. Der Glaube daran mag für viele tröstlich und damit sinnvoll sein – eine notwendige Voraussetzung für unsere Reifung im Hier und Jetzt ist er nicht.

Genau die Gewissheit darüber, dass wir uns mit dem älter Werden unwiderruflich auf diesen Punkt hin zubewegen, ihm jeden Tag näher rücken, schreckt viele vom Blick nach vorne ab. Lieber wenden sie sich rückwärts und trauern der verlorenen Jugend nach, so als ob sie damit an der Gewissheit des Endes irgendwas ändern könnten. Sie gleichen damit Kindern, welche ernsthaft glauben, man sähe sie nicht mehr, wenn sie mit den Händen ihre eigenen Augen verdecken.

Der Tod ist für das menschliche Bewusstsein eine tiefe Kränkung, was eine nicht zu vermeidende Nebenwirkung der Möglichkeit ist, unser Leben bewusst zu erleben und zu gestalten – faulende Erdbeeren fühlen sich ob des Umstands, dass sie faulen, nicht gekränkt. Dieser gekränkten Stimme in uns können wir, da sind wir frei, volles Gehör geben, was keine sehr erfreuliche Musik ergibt.

Oder wir regeln an unserem inneren Mischpult die Lautstärke dieser Stimme tiefer, ohne sie ganz zu unterdrücken, und geben dafür anderen Stimmen in uns mehr Volumen und Sattheit.

Diese anderen Stimmen wissen zum Beispiel, dass die beste Vorbereitung auf ein geglücktes Sterben ein geglücktes Leben ist, und das heißt im Wesentlichen, ein gelebtes Leben.

Besonders kraftvoll erklingt in diesem inneren Chor das hohe Lied der Reifung. Vitale Lebenskräfte treiben sie an und voran, Kräfte, die im Wissen um das sichere Ende nicht schwächer werden, sondern stärker, weil beide, Leben und Tod, so eng miteinander verbunden sind, dass das eine ohne das andere undenkbar ist.

Von Luther stammt die Devise, heute noch ein Apfelbäumchen zu pflanzen, auch wenn morgen das Ende der Welt käme. Übersetzt heißt das für mich:

Auch wenn es morgen mit Sicherheit mit mir zu Ende wäre, so würde ich doch gerne heute noch weiter reifen. Denn so lange ich reife, lebe ich und brauche weder vor dem Tod Angst zu haben noch mir viele Gedanken darüber zu machen, was jenseits von Reife liegen mag.

Zwischen dunkel und hell

Manchmal gerate ich ins Grübeln. Mich zu fragen, wie es dazu kam, dass die Menschheit die Herstellung von Käse entdeckte, ginge ja noch. Aber ich frage mich auch, wie denn wohl die Reifung des Käses erfunden wurde.

Anzunehmen ist ja, dass unsere Vorfahren, die Käseerfinder, meistens ziemlich hungrig waren und deshalb den mühsam hergestellten Frischkäse am liebsten sofort verspeisten. Nun schmeckt ja mancher Frischkäse ganz gut, aber eben doch ziemlich fade und mit einem gut ausgereiften Käse nicht zu vergleichen.

Doch das musste erst mal herausgefunden werden. Geschah dies durch einen Geistesblitz oder einfach durch eine glückliche Verkettung dummer Zufälle? Wieder eines dieser ungelösten und auf immer unlösbaren Rätsel der Natur.

Doch vom Reifen des Käses können wir lernen: Während zur Herstellung des Frischkäses viel menschliche Aktivität nötig ist, dösen die Käselaibe beim Reifen ruhig vor sich hin, nur ab zu von Menschenhand mit Salz eingerieben und gewendet. Der ganze Rest geschieht ganz von selbst, die in den Gräsern und Kräutern saftiger Wiesen eingeschlossenen Aromen entfalten sich unter dem Schutz der verstreichenden Zeit wie von Geisterhand und verwandeln sich in unvergleichlich vielschichtige und reichhaltige Geschmacksnuancen.

Wenn nun ein Produzent eines besonders ausgereiften Emmentaler Käses sein Produkt als „der Höhlengereifte aus dem Dunkeln" anpreist, verweist er uns auf eine weitere Eigenart der Reifung von Käse: Sie findet am besten im Dunkeln statt. Dasselbe gilt auch beim Wein. Ob im Aluminiumtank oder im Eichenfass, reifender Wein braucht Dunkelheit. Licht würde nur stören, und wir kämen nicht mehr in den Genuss der ganzen blumigen Geschmackspalette reifen Weins.

Das Bild von der höhlengereiften Qualität stimmt auch für unsere eigene Reifung. An uns selbst wie an anderen erfahren wir es immer wieder: Gerade dunkle Ereignisse und Erlebnisse verleihen oft die stärksten Reifungsschübe. Und auch wenn wir in dem Moment, in dem wir dem Dunkeln begegnen, oft keinerlei Sinn darin sehen und es einfach nur unangenehm oder traurig finden, so erschließt sich doch oft in der Rückschau, wenn wir uns oder anderen die Geschichte unseres Lebens erzählen, ein nachträglicher Sinn des Dunkeln: Es hat mich reifer gemacht.

Das ist mitnichten ein Plädoyer dafür, man könne nur im tiefen Tal der Tränen reifen. Für einen reifen Wein braucht man erst einmal reife Trauben, und die wiederum sind ohne viel Sonnenlicht nicht zu haben. Genau so brauchen wir Menschen auf unserem Reifungspfad die dunklen Täler ebenso wie die lichten Höhen, in denen so wärmende Energien wie Liebe, Freundschaft und Respekt unsere Reifegrade hoch treiben.

Wer wie ich mitten in einer Hügellandschaft lebt und diese gerne auf eigenen Füßen erwandert, lernt es schnell: Wohin immer man sich wendet, kommt man nicht darum herum, immer wieder in die tief eingeschnittenen Täler und Schluchten zwischen den Hügeln hinab zu steigen und den Hügel auf der anderen Seite zu erklimmen. Als Alternative bliebe nur der Stillstand.

Diese Schluchten sind nicht der Ort, den man sich für einen längeren Aufenthalt aussuchen würde. Sie sind oft feucht und schlammig, und meistens ziemlich finster. Doch so lange wir einigermaßen gut zu Fuß sind auf unserem Lebenspfad, brauchen wir auch dort nicht stehen oder stecken zu bleiben.

So werden die weniger schönen Stationen auf unserem Weg zu Etappen, die dazu gehören wie die schönen, und denen wir mit der Haltung begegnen können, wie sie einmal eine sehr reife Frau unvergleichlich formuliert hat: »Es ist so, wie es ist — und darum nicht so schlimm.«

Wir mögen im Zuge unserer Reifung durchaus die Fähigkeit entwickeln, den sumpfigsten Stellen auszuweichen. Wenn wir daraus allerdings omnipotente Ansprüche auf die Vermeidung jedwelcher Dunkelheit entwickeln, bleiben wir im ziemlich unreifen kindlichen Denken stecken. Die Kraft des positiven Denkens ist nicht gering zu veranschlagen, doch zur

Aufrichtung eines narrensicheren Bollwerks gegen alle Fährnisse des Lebens, die uns von außen oder von innen begegnen, reicht sie nie und nimmer.

Gelungene Reifung bedeutet keineswegs die vollendete Abschaffung der Dunkelheit, sondern einen reiferen Umgang damit. Alle Tugenden, die wir in dunklen Momenten und Krisensituationen brauchen, können und müssen reifen: Gelassenheit und Mut, Mitgefühl und Kaltblütigkeit. Und reifen können sie nur durch Erfahrung. Ganz besonders gilt das für die dabei vermutlich wichtigste Tugend: Selbstvertrauen.

Höhlengereifte Menschen unterscheiden sich markant von solchen, denen nie ein größeres Ungemach zugestoßen ist. Durch ihre Erfahrungen in dunklen Höhlen wirken sie tiefer. Und was Reife sonst auch immer noch sein möge: Nicht an der Oberfläche stecken zu bleiben, sondern sich in die eigenen Tiefen und in jene der Geheimnisse von Leben und Sein zu wagen, gehört unabdingbar dazu.

Was keine ausreichende Begründung dafür sein kann, sich mit Bedacht und Absicht ständig in dunklen Höhlen aufzuhalten. Nach dem Aufenthalt in dunklen Höhlen können und sollen auch wieder Momente auf lichten Höhen folgen. Und dort oben hilft das Bewusstsein von der Existenz des Gegenpols, ungesunden Übermut zu verhindern.

Silber-
fäden

Das Leitfossil einer ganzen, wenn auch kurzen
Jahreszeit sind die Spinnweben, jedenfalls im
deutschsprachigen Raum: Weil in der oft noch warmen
Zeit kurz vor dem eigentlichen Herbst gehäuft
Spinnweben auftreten, die in der tiefer stehenden Sonne
an die Silberfäden im Haar alter Frauen erinnern, heißen
diese Tage „Altweibersommer". Womit die Verbindung
hergestellt wäre: Spinnweben werden automatisch mit
Alter verbunden.

Das tut weder den Spinnweben noch dem Alter gut.
Aus irgendwelchen evolutionären Gründen mögen wir
Spinnen im Allgemeinen nicht besonders, und wenn wir
aus Unachtsamkeit in ein Spinnennetz hinein laufen,
ekeln wir uns ob der Klebrigkeit der Fäden. Zudem
wissen wir nur zu genau, dass den letzten schönen

Tagen unweigerlich und rasch die unerfreulichen nasskalten Zeiten folgen. Und daran werden wir so ungern erinnert wie an das Alter.

Dabei sind Spinnennetze ein ausgesprochenes Wunder der Natur von erlesener technischer und ästhetischer Qualität. Eine reife Leistung der Evolution sozusagen. Diese Qualitäten entfalten sich auch auf der rein sprachlichen Ebene, wenn man das Wort mal etwas genauer unter die Lupe nimmt.

Beginnen wir ausnahmsweise hinten, beim Netz. Befreit vom Ballast der ungemütlichen Spinne hat dieses Wort eine steile Kariere gemacht. Nicht länger nur für Fischer rückte das Netz ins Zentrum des Bewusstseins, sondern auch für Techniker und Informatiker, für Sozialingenieure und Personalmanager. Die totale Vernetzung ist angesagt, und wehe dem, der über kein ausreichendes Beziehungsnetz verfügt – der kann höchstens noch vom sozialen Netz aufgefangen werden.

Natürlich ist diese ganze Netzwerkerei ein alter Hut. Vom Adel bis zur Mafia wussten es alle längst, die es wissen wollten: Ohne Vitamin B läuft gar nichts. Und dass ein Netz, das man nicht pflegt und weiter knüpft, ziemlich bald alt aussieht, wissen alle, die Teil eines freundschaftlichen Netzes sind. Doch auch alte Hüte können trefflich gegen Wind und Regen schützen. Die Idee vom Netz wird nicht weniger gültig, weil sie sich in einem Reifungsprozess bewährt hat.

Auch Beziehungsnetze reifen und brauchen Reifungsprozesse. In reiferen Jahren ein ganz neues Beziehungsnetz aufbauen zu müssen, ist unendlich viel schwerer, als ein bestehendes und gut gepflegtes zu erhalten und zu ergänzen. Ein gereiftes Netz gewinnt an Qualität. Auch dieser potenzielle Mehrwert des älter Werdens stellt sich nicht von selbst ein. Wird er jedoch durch aktive Reifungshilfe realisiert, stellt er einen kaum hoch genug einzuschätzenden Wert dar: Beziehungsnetze sind eine Frucht der Reife.

Beziehungsnetze ja, aber Spinnennetze? Wir tummeln uns gerne im World Wide Web – aber Spinnweben? Nein danke. Das Image der Spinnen ist dermassen schlecht, das wir damit etwas bezeichnen, wovor wir uns fürchten: nicht ganz richtig im Kopf, eben ein Spinner zu sein. „Du spinnst!" ist eine handfeste Beleidigung.

Doch halt. Die weibliche Form, die Spinnerin, ist nicht als Beleidigung gemeint, sie bezeichnete einst ein ehrbares Handwerk, ohne das die Menschen damals ziemlich nackt hätten herum laufen müssen. Am Spinnrad Fäden zu spinnen, ist ein Bild, das uns tief geprägt hat, auch wenn diese Arbeit längst von Maschinen getan wird. Und von da her wollen wir diesen Gedankenfaden auch weiter spinnen.

Beim Rumspinnen merken wir, dass so eine kleine Spinnerei gar nichts Schlechtes sein muss. Es gibt auch sympathische Spinner, und wo es um Kreativität und Innovation geht, wird mittlerweile sogar zaghaft nach Spinnern gerufen. Denn genau, was da gefragt ist, macht die Qualität von Spinnern aus: Neue, ungewohnte, andersartige Gedankenfäden zu spinnen und diese zu unkonventionellen Gedankennetzen zu verknüpfen.

Nimmt diese Fähigkeit zum Spinnen mit zunehmender Reife ab oder zu? Wieder einmal spricht der Augenschein gegen das Alter: Verkalkung ist ein wirksamer Kreativitätskiller, um es mal brutal zu sagen. Oder etwas weicher formuliert: Es braucht junge, noch nicht festgefahrene Gehirne, um auf neue Ideen zu kommen - so jedenfalls die gängige Vorstellung.

Nun weiß man allerdings längst, dass die Vorstellung von der mit zunehmendem Alter zwangsläufig abnehmenden Gehirnleistung eine Mär ist. Viele angeblich junge Fähigkeiten lassen sich bis ins hohe Alter erhalten, wenn man sie nur ausreichend trainiert. Warum sollte es mit der Fähigkeit zum Spinnen anders sein?

Ich behaupte sogar, dass diese Fähigkeit mit zunehmender Reife wächst, aus zwei Gründen: Zum einen ergeben mehr Gedankenfäden ein interessanteres Spinn-Netz - und im Verlaufe eines Reifungsprozesses sammeln sich nun mal viele Gedankenfäden an. Zum anderen erlaubt mehr Distanz zu sich und seinen Glaubenssätzen kühnere Gedankengebäude - und diese innere Freiheit wächst mit zunehmender Reifung ebenfalls.

Die auf Silberfäden gespielte Weise von Reife und Reifung klingt leise. Doch wer für Momente Abstand nimmt vom lauten Rauschen der Welt und genau hinhört, wird ihre bis zum Ende unendlichen schöpferischen Qualitäten erkennen.

Mehr LebensKunst-Impulse

LebensKunst hat viele Facetten, und jede eröffnet ihre eigenen Perspektiven und Einsichten.

In derselben Ausstattung ebenfalls lieferbar:

Welchen Wert könnte es haben, sich mit Werten zu beschäftigen? Ganz einfach: Weil dadurch Werte wie Selbsterkenntnis und Selbstbestimmung gefördert werden.

Aus Achtsamkeit geborene Behutsamkeit ist das beste Biotop für LebensQualität, um weiter wachsen zu können. Sie verdient das, denn es geht hier um *Ihre* LebensQualität.

Die bewusste Achtsamkeit für Zufriedenheit schafft einen Zustand von Seelenruhe und Seelenfrieden, was ungemein wohltuend sein kann.

Jederzeit aktuelle Informationen über diese Angebote und andere LebensKunst-Impulse im Internet:
www.bewusstseins-elite.net

Mehr Bewusstseins-Elite

In diesem Standardwerk über die Bewusstseins-Elite, das erstmals ein Porträt dieser für unsere Zukunft wichtigen gesellschaftlichen Vorhut zeichnet, erfahren Sie, wer die Bewusstseins-Elite ist, was sie denkt und interessiert, und wie sie unsere Zukunft prägt.

Umfang ca. 240 Seiten, mit diversen Grafiken und elf Schwarz-Weiß-Bildern. € 22.- / CHF 35.-
J. Kamphausen Verlag, Bielefeld.
(www.weltinnenraum.de)

Auf der Homepage **www.bewusstseins-elite.net** erfahren Sie alles über dieses Buch sowie über die weiteren Angebote für die Bewusstseins-Elite. Sie bekommen dort auch neue Impulse, können mitreden und sich vernetzen.

Mehr Zugänge

Im Internet finden Sie mehr Informationen, Impulse und Anregungen zu diesen Themen:

Reife
www.reife.ch

Bewusstseins-Elite
www.bewusstseins-elite.net

Andreas Giger
www.gigerheimat.ch